"Pages actuelles"
1914-1916

Angleterre et France

FRATERNITÉ EN GUERRE
ALLIANCE DANS LA PAIX

PAR

Sir Thomas BARCLAY

AVANT-PROPOS

DE

Gabriel HANOTAUX
de l'Académie Française

BLOUD ET **GAY**, ÉDITEURS
PARIS — BARCELONE

Angleterre et France

"Pages actuelles"
(1914-1916)

Angleterre et France

FRATERNITÉ EN GUERRE
ALLIANCE DANS LA PAIX

PAR

Sir Thomas BARCLAY

AVANT-PROPOS

DE

Gabriel HANOTAUX
de l'Académie Française

BLOUD & GAY
Editeurs
PARIS, 7, Place Saint-Sulpice
Calle del Bruch, 35, BARCELONE
1916
Tous droits réservés

PAR LE MÊME AUTEUR

L'ENTENTE CORDIALE
Trente années de Souvenirs anglo-français
Traduction de M. Charles Furby
Avocat général à la Cour de Cassation

« Ce livre est une heureuse exception à ce que sont trop de livres de ce genre. C'est l'œuvre d'un homme qui sait écrire...

« L'ouvrage est plein de vigoureuses et amusantes esquisses d'individus...

« Les amis de l'Entente Cordiale, c'est-à-dire nous tous, seront bien intéressés par le récit si complet que Sir Thomas fait des difficultés qui ont été surmontées. »

(*The Times*, 2 juillet 1914.)

« C'est une histoire franche et honnête, l'histoire d'un homme qui a vécu au plus fort du combat...

« Peu de volumes de réminiscences sont marqués de plus de franchise et contiennent plus de révélations. Aucun, nous pouvons le dire avec sûreté, ne nous en dit autant sur le sujet qui y est traité. »

(*The Daily Telegraph*, 8 juillet 1914.)

« Plus encore que le roi Edouard VII, Sir Thomas Barclay est l'auteur de l'Entente Cordiale...

« La Paix et l'Entente Cordiale sont le triomphe de Sir Thomas Barclay qui, en écrivant ce livre, s'est, malgré toute sa modestie, placé d'un coup de plume dans l'histoire. »

(*The Daily Chronicle*, 13 juillet 1914.)

« Le jour peut venir où nous serons suffisamment civilisés pour rendre honneur au héros qui fait autant pour conserver la vie à ses voisins que nos idoles actuelles ont fait pour la détruire ; pour rendre honneur à l'homme qui a ajouté à la prospérité des peuples et mis fin à leur inimitié. Personne dans notre génération, en Angleterre, n'a fait plus pour la paix et la prospérité que Sir Thomas Barclay. Comme président de Chambre de commerce, il a continué le travail de Cobden, non seulement dans son esprit mais avec beaucoup de son succès, tandis que comme promoteur, je pourrais presque dire créateur, du traité d'arbitrage anglo-français, il a amené un rapprochement entre les deux pays qui promet de résister à un millier d'années de mésintelligence.

« ... Il ne faut pas supposer, toutefois, que ces réminiscences ne concernent que Sir Thomas et son travail propagandiste. On y trouve des esquisses caractéristiques et très intéressantes d'une grande quantité d'hommes d'Etat et de journalistes de son époque en France : du grand Blowitz, son collègue du *Times* ; de Thiers, Gambetta, Grévy, Jules Simon, Boulanger, etc., etc. »

(*Truth*, 22 juillet 1914.)

AVANT-PROPOS

Je suis très heureux de pouvoir donner au public français et anglais la lettre écrite comme avant-propos à ce petit travail par M. Gabriel Hanotaux. Elle montre, quelle qu'ait été l'interprétation de l'alliance franco-russe par des « hommes de la rue » de l'époque, que cette alliance, aux yeux et dans la pensée de l'éminent homme d'état qui en fut le collaborateur, n'avait aucune pointe contre l'Angleterre.

T. B.

Paris, 14 juillet 1916.
(Journée des Alliés)

Cher Sir Thomas Barclay,

Puisque vous voulez bien me communiquer les épreuves de votre brochure si frappante et si loyale, permettez-moi de vous soumettre une bien franche observation. En conscience et sur mon honneur d'homme d'état et d'historien, je ne puis pas laisser écrire, sans protestation, par une plume aussi autorisée que la vôtre :

1º *Que la France considérait l'Angleterre comme « l'ennemie héréditaire », même à la fin du* XIXe *siècle ;*

2º *Que « l'alliance avec la Russie fut, dans son origine, une alliance contre l'Angleterre ».*

L'alliance avec la Russie fut une alliance d'équilibre européen. Jamais elle n'eut aucune pointe dirigée contre l'Angleterre.

Nos démêlés avec l'Angleterre, dans les dernières années du xixe siècle, furent relatifs à des questions coloniales : Egypte, Tunisie, Indo-Chine, Madagascar, Afrique occidentale. Jamais ils ne portèrent sérieusement atteinte au fond des relations cordiales entre les deux pays.

Au contraire, la diplomatie française et la diplomatie anglaise se donnèrent pour tâche de régler, le plus tôt possible et le plus équitablement possible, toutes ces questions pour permettre le rapprochement général entre les deux pays.

Tel fut l'objet de ces longues négociations, parfois délicates, une seule fois dangereuses, et qui finirent par aboutir à un apaisement complet de toutes les querelles. Alors l'entente cordiale qui était latente n'eut plus qu'à se développer : elle trouvait le champ libre et débarrassé d'obstacles devant elle.

Voilà la stricte vérité !
A vous bien cordialement,

Gabriel HANOTAUX.

ANGLETERRE ET FRANCE

Fraternité en Guerre
Alliance dans la Paix

I

Introduction

Il est difficile, pour ceux qui n'avaient pas encore, à la fin du siècle passé, atteint l'âge de la réflexion, de comprendre l'immense changement d'idées et de sentiments que comporte l'Entente entre l'Angleterre et la France qui, en ce moment, bat son plein. Pour ces plus jeunes, l'Entente peut ne paraître que comme un pas vers l'alliance contre un ennemi commun. Ceux dont les années ont blanchi les cheveux, qui se rappellent la guerre de 1870, qui ont vécu depuis 1870 au milieu des événements, pour ainsi dire dans les coulisses de ces événements, savent que l'ennemi éventuel qu'envisagea la politique française pendant le dernier quart du siècle passé, était uniquement l'Angleterre. Ils se souviendront que l'alliance avec la Russie fut, dans son origine, une alliance contre l'Angleterre, alliance qui n'aurait eu aucun sens si elle ne l'avait pas été. Mais cela est une autre question que les dimensions de ce petit travail ne me permettent que de signaler. On peut voir, d'ailleurs, autre part, une étude plus étendue que j'ai publiée sur ce sujet (1).

L'Angleterre était à tel point l'ennemi héréditaire dans le sentiment public français que, même aujourd'hui, des amis dont les sentiments anglophiles ne sont plus douteux, m'avouent encore des tendances à la critique qu'ils attribuent à des préjugés de leur jeunesse. Les jeunes qui ont fait leur éducation d'homme pendant le présent siècle ne peuvent se figurer l'époque où la haine anti-anglaise couvait et constituait à tout moment une atmosphère propice pour rendre populaire la guerre possible entre nos deux pays.

(1) Voir l'*Entente cordiale. Trente années de souvenirs anglo-français*, par sir Thomas Barclay. Paris, 1915.

C'est cette situation politique que l'Entente renversa.

Pourquoi l'Allemagne n'a-t-elle pas profité de cette situation pour s'allier avec l'un contre l'autre de ces deux ennemis ? La réponse est évidente : ce n'était pas la France qui gênait l'essor allemand et d'un autre côté une alliance avec l'Allemagne même contre l'Angleterre n'était pas réalisable. L'alternative pour l'Allemagne était, restant à son poste d'observation, de laisser se développer cette haine anti-anglaise, de se montrer plutôt sympathique au point de vue français, de se présenter comme partageant les craintes françaises sur la puissance de l'Angleterre, de profiter enfin, de chaque occasion pour se ranger du côté de la France contre la « perfide Albion ».

Dans une guerre anglo-française, les expansionnistes allemands voyaient la fin de la puissance maritime anglaise, l'oubli définitif de l'idée de la revanche de la part de la France, et le commencement de cette domination mondiale qui leur semblait correspondre à la puissance militaire de l'Allemagne. Il ne lui resterait, alors, que la Russie pour lui barrer quelque part le chemin. Elle se sentait capable de tenir tête facilement à toute obstruction de ce côté. Elle se contenterait facilement d'une lutte entre ses deux voisins de l'Ouest qui en les faiblissant lui ouvrirait les portes de l'Amérique et de l'Afrique.

Or, l'Entente anglo-française a mis fin à ce rêve. C'est encore ce qui en fait un des plus grands événements de l'histoire de l'Europe moderne.

II

Obstacles à surmonter

La bataille de Waterloo avait été oubliée dans la guerre de Crimée. Cobden et l'école pacifique avaient essayé de faire une entente avec la France et leur œuvre, le traité de commerce de 1860, avait donné un essor immense aux relations industrielles des deux pays.

La guerre de 1870 arrêta tout dans cette évolution civilisatrice. L'Angleterre n'avait pas considéré ses intérêts et ceux de l'Empire français comme identiques.

Après la chute de l'Empire, elle ne s'est pas crue appelée à intervenir pour essayer de sauver la France contre un ennemi qui paraissait encore, à cette époque, plutôt comme la victime que comme l'auteur de la guerre. Elle n'avait pas non plus encore conscience de ce qu'allait signifier la consolidation d'un vaste empire nouveau au centre de l'Europe, une forteresse politique qui allait dominer tous les pays moins forts qui l'entouraient. D'un autre côté, on considérait que la France avait toujours été plutôt l'adversaire que l'alliée de l'Angleterre. Parmi nos hommes d'Etat, il y avait même quelques-uns qui considéraient comme utile à l'Angleterre que la puissance de la France fût diminuée et qui espéraient que la nouvelle rivalité entre elle et l'Allemagne la détournerait de plus vieilles rancunes. Cela n'était pas l'esprit universel et surtout pas celui qui régnait au milieu des familles écossaises auxquelles j'appartenais et dont je puis parler en connaissance de cause.

Il y avait des intellectuels indépendants dans tout le Royaume-Uni dont la conviction était faite que la fin de la rivalité entre la France et l'Angleterre avait sonné, que ces deux vieilles nations avaient besoin l'une de l'autre pour se soutenir contre des rivaux communs, mais que, surtout, par notre situation géographique, par notre évolution politique commune, par notre dévouement à la cause de la liberté individuelle et par la douceur de nos mœurs, notre rapprochement était aussi logique et nécessaire que notre rivalité nous avait été nuisible. Parmi cette minorité, se trouvait le prince de Galles, plus tard le roi Edouard VII.

Du côté français, les tendances de l'opinion publique n'étaient pas essentiellement différentes de celles de l'opinion publique des Anglais et il n'y avait guère, aux premières années de la République, parmi les chefs de partis politiques français, pour partager la conviction du prince de Galles, que Gambetta. Ces deux hommes se sont rencontrés dans les premières années de la République à Paris. Le prince voulait connaître l'orateur fougueux et néanmoins si sage qui voyait dans l'avenir cette Angleterre sur laquelle le prince lui-même était destiné à régner et cette nouvelle France dont Gambetta était devenu l'apologiste reconnu, unies pour une commune besogne civilisatrice. Ils se rencontrèrent. On a attribué à l'influence flatteuse du prince les tendances anglophiles de Gambetta. On ne le dit plus aujourd'hui. Ce fut, en effet, une idée commune qui rapprocha ces deux grands hommes. Ceux qui ont entendu, comme moi, le discours que Gambetta prononça sur la nécessité de la coopération avec l'Angleterre en Egypte, n'ont pu retenir aucun doute sur la profondeur de ses convictions : « Quand je considère l'Europe,

« disait-il, cette Europe qui a tenu tant de
« place aujourd'hui dans les discours pro-
« noncés à cette tribune, je remarque que,
« depuis dix ans, il y a toujours eu une
« politique occidentale représentée par la
« France et l'Angleterre, et, permettez-moi
« d'ajouter que je ne reconnais pas d'autre
« politique européenne qui soit capable de
« nous aider dans les circonstances les plus
« difficiles qui puissent se produire. Ce que
« je vous dis aujourd'hui, je le dis avec
« le sentiment profond d'une vision de
« l'avenir. »

Ce n'était pas là, de la part de Gambetta, un simple effet de rhétorique. Dans ses voyages en Normandie, avant d'accepter le pouvoir, il avait fait sentir le grand prix qu'il attachait aux relations commerciales avec l'Angleterre, ces relations qui avaient tant fait, en leur temps, pour la prospérité de la France. Il voyait, avec un sens de prévision qui lui venait d'une expérience intense au milieu d'émotions publiques, que la France souffrait de la méfiance qui avait été inspirée partout autour d'elle par la politique agressive de l'Empire. Il savait qu'il fallait faire comprendre à l'Angleterre que le le régime parlementaire était un régime de justice, de progrès et de paix internationale. Il voyait que le seul ami naturel pour la France au milieu de l'Europe était le pays qui, géographiquement, était son plus proche voisin et qui, politiquement, était le modèle le plus apte à servir les intérêts intérieurs de son pays. Il prévoyait la possibilité d'une cause commune de défense et croyait que dans les moments les plus durs qui pouvaient survenir pour la France, c'était l'Angleterre qui aurait un intérêt identique à celui de sa patrie à repousser le colosse qui pourrait un jour menacer leur commune liberté, l'indépendance de l'un et de l'autre. Ce jour est arrivé et les événements qui se déroulent sous nos yeux ont justifié le sentiment convaincu de l'avenir dont a parlé, en 1882, le grand homme d'Etat français.

D'autres hommes moins sages, moins prévoyants, des deux côtés de la Manche, ne comprirent pas ce qu'il y avait de profondément vrai dans la politique de Gambetta et il s'en est suivi une longue période de tracasseries entre nos deux pays.

Pendant que la politique étrangère de la France et de l'Angleterre créait réciproquement toutes les misères possibles, d'autres en faisaient leur profit. La situation empirait.

Une alliance semblait le seul moyen de combattre l'Angleterre utilement. Elle a été faite. Il est inutile de rappeler les égarements qui ont amené nos deux pays à deux doigts de la guerre. N'en parlons plus, et réjouissons-nous qu'il y ait des hommes capables, en dernier ressort, de voir clair au milieu des brouillards qui enveloppent presque partout la politique étrangère des Etats.

III

Rôle de l'Écosse

On fête cette année le vingt et unième anniversaire de la constitution de la Société Franco-Ecossaise. La création de cette Société Franco-Ecossaise fut justement le premier pas vers l'Entente cordiale d'aujourd'hui.

Quand la haine anti-anglaise arriva à un état de crise aiguë en 1894-1895, il y avait quelques Français et Ecossais qui voyaient le danger venir et croyaient que pour détruire la légende de l'« ennemi héréditaire », légende peu intelligente et uniquement sentimentale, il serait utile de lui opposer une autre légende tout aussi sentimentale et plus intelligente.

On trouve dans Shakespeare un dicton que mon vieil ami, M. Charles Furby (1), a traduit ainsi :

<blockquote>
Si l'on veut conquérir la France,
Faut qu'avec l'Ecosse on commence.
</blockquote>

---

(1) M. Charles Furby, le distingué avocat général à la Cour de Cassation, a traduit le livre qu'a publié récemment Sir Thomas Barclay sur l'Entente cordiale.

On sait quelles attaches, quelles relations toutes spéciales du passé entre l'Ecosse et la France ont donné lieu à l'existence de ce dicton, cité par Shakespeare à un moment où l'Ecosse et l'Angleterre étaient encore deux Etats indépendants, où la puissante reine-vierge, Elisabeth, garda comme prisonnière en Angleterre sa belle rivale française, Marie Stuart, reine des Ecossais, que, plus tard, sous prétexte de la punir de sa participation dans un complot de rébellion contre elle-même, elle fit condamner à mort.

Ce dicton résumait une situation historique. Entre la France et l'Ecosse, en effet, il y eut dans le temps une alliance des plus étroites, alliance si bienfaisante qu'elle s'impose aujourd'hui comme modèle pour celle qui, désormais, pourrait unir la France et l'Angleterre.

Cette alliance franco-écossaise dura cinq siècles sans que ni l'un ni l'autre des deux alliés l'ait jamais trouvée onéreuse. C'est un précédent et un présage. Souhaitons que ce présage se réalise, que l'union anglo-française devienne encore plus intense, aussi fructueuse, encore plus fructueuse même que celle qui a uni l'Ecosse à la France.

Restons quelques instants en Ecosse. Aucun

Ecossais ne peut parler de son pays sans ressentir une émotion toute d'affection, même pour ses défauts. Quel climat ! Un vent presque perpétuel qui force les Ecossais à bâtir leurs maisons comme des forteresses ! Des arbres que la nature fait solides pour se défendre contre ce climat meurtrier ! Des prairies, là où il y en a, d'un vert que rend intense le lavage des pluies continuelles ! Du feu dans les cheminées au mois de juillet ! C'est ce pays froid et indomptable, ce pays que la puissante Angleterre, pendant les cinq siècles que l'Ecosse est restée l'alliée de la France, avait essayé en vain d'annexer. On sait comment l'histoire de ces efforts anglais a fini. L'Ecosse a annexé l'Angleterre, conquête des plus pacifiques, une annexion sans coup férir, sans sang répandu. Le roi Jacques VI d'Ecosse hérita tout simplement de la couronne de la reine-vierge d'Angleterre. D'ailleurs, il ne perdit pas du temps à faire ses malles et, peu de jours après la mort d'Elisabeth, il prit possession de son poste à Londres. Cela dut chagriner quelques patriotes de son royaume du Nord, mais il faut admettre qu'ils s'en consolèrent bien vite puisque tous les Ecossais qui le purent, suivirent l'exemple de leur souverain, et, sous le climat tempéré de l'Angleterre, trouvèrent des compensations et des avantages qui sont devenus de plus en plus doux et plantureux, même jusqu'à nos jours.

Depuis l'union avec l'Angleterre, en 1603, les Ecossais ne furent plus les alliés de la France, mais l'affection des Ecossais pour la France ne cessa jamais de vibrer dans le cœur chaleureux des Britanniques du Nord, ainsi que le démontre toute l'histoire du Royaume-Uni.

L'Université de Paris resta l'*alma mater* intellectuelle des Ecossais. L'Université de Saint-André, la plus vieille de l'Ecosse, avait été fondée presque comme une sœur cadette de celle de Paris. Les étudiants continuèrent à venir en France jusqu'à la Révolution, jusqu'à la lamentable guerre qui la suivit et interrompit le progrès des idées, cette longue guerre anglo-française qui créa des haines artificielles à la place d'affections traditionnelles et historiques.

Je me figure l'étudiant écossais encore aux XVIIe et XVIIIe siècles, qui mettait sa valise en bois solide à Saint-André même (car Saint-André est sur la mer et possède un petit port), à bord du petit vaisseau à voiles qui devait le porter à travers la mer du Nord. Je le vois avant d'embarquer, jetant du haut de la colline, un dernier coup d'œil sur les embouchures de l'Eden et du Tay, surmontée par les grises montagnes de Forfar et de Perth, dont aucun de nous ne peut se souvenir sans une folle nostalgie qui le pousse à plier ses bagages et à prendre le « rapide » pour aller le revoir. Je vois plus loin cet étudiant, l'âme pleine de la douce attente de l'inconnu, passer enfin le Détroit et arriver, après un voyage plus long que celui d'aujourd'hui pour aller au Brésil, à l'embouchure de la Seine. Je vois le petit vaisseau remonter la rivière et enfin mon étudiant débarquer au Pont-Royal où il confie sa malle et sa personne à une petite embarcation qui l'amène au quai de la Tournelle. Là il trouve un portefaix et monte par les Fossés-Saint-Victor (maintenant la rue Cardinal-Lemoine) au Collège des Ecossais, où, pendant quelques années, il va continuer ses études. Vers la fin du xviie siècle, il aurait été conduit dans le parloir d'un principal qui s'appelait Robert Barclay. Le principal lui prend sa lettre de recommandation, lui souhaite la bienvenue et le remet entre les mains d'un étudiant pauvre pour être conduit à son *cubiculum*. Là, nonobstant le roulis qu'il sent encore dans les jambes, il se dépêche de s'habiller pour aller voir les beautés de l'immense ville dont il a vu les toits et les tours de Notre-Dame du haut de sa chambrette. Ce qu'il voit n'est pas essentiellement différent de ce qu'il aurait vu aujourd'hui, même dans l'intérieur du collège. Le parloir du vieux collège y est encore. Le principal, M. Grousset, de l'*Institution Chevallier*, auquel le collège est loué, s'y tient encore parmi des portraits des prétendants légitimistes, les Stuarts d'Ecosse. Dans la chapelle restée encore intacte, l'étudiant a dû voir de nombreuses plaques commémoratives des anciens étudiants devenus célèbres telles qu'elles y sont encore aujourd'hui. Au réfectoire, où les meubles portent encore, comme motif de décor, le chardon d'Ecosse, notre jeune étudiant aurait remarqué un autre jeune étudiant blond, qui se signalait par la sévérité de ses traits et son regard distrait de jeune savant. On lui aurait dit que c'est le neveu et l'homonyme du principal. C'était ce Robert Barclay qui, plus tard, a écrit la fameuse apologie de la nouvelle secte, la Société des Amis, mieux connus aujourd'hui sous le sobriquet que leur donnaient les rieurs de l'époque, de « Quakers ». Le collège, auparavant dans la rue des Amandiers, avait été créé au temps du roi des Ecossais, Robert de Bruce, pour permettre à tous les Ecossais de fréquenter les célèbres écoles de la célèbre Université. Passons !

Viennent plus tard la Révolution et la débandade de la Terreur. Comme de la révocation de l'Edit de Nantes, l'Angleterre en profita. Après la révocation, des industries de toutes sortes y émigrèrent : celles de la soie, de la laine, de la toile, précurseur du coton, de l'horlogerie, de la bijouterie, etc.

Après la Terreur viennent les manières françaises, ces manières de courtoisie chevaleresque qui ont adouci nos mœurs, qui ont transplanté dans la vie plus dure de notre île cette gaîté et cet honneur de gentilhomme français qui nous ont servi de modèle pour ce que nous considérons aujourd'hui comme le plus précieux de nos produits, un *gentleman* anglais.

Viennent ensuite les guerres d'ambitions impériales, l'entrée dans la lice de l'Angleterre à côté de ceux qui se défendaient contre elles. A ce moment, des prisonniers français, en grand nombre, débarquèrent en Angleterre. Il fallait les distribuer, autant que possible, dans des endroits d'où ils ne pourraient que difficilement s'échapper.

Il y a en Ecosse un comté qui se trouve

entre deux bras de mer : le *Firth of Forth* au sud et le *Firth of Tay* au nord. A l'est il y a la mer du Nord et à l'ouest des montagnes : c'est le comté de Fife, qu'on appelle en Ecosse le « Royaume » parce que, autrefois, c'était le « home » sûr et inexpugnable des Rois. Ce comté de Fife possède une Université pour lui tout seul, celle de Saint-André, dont j'ai déjà parlé : la première fondée en Ecosse.

Ce comté était tout indiqué pour recevoir une grande quantité de prisonniers, et, en effet, ils y furent distribués dans presque toutes les petites villes et les bourgs. Ces prisonniers n'étaient pas isolés dans des camps de concentration comme ils le seraient aujourd'hui, mais résidaient dans des familles selon leur rang.

L'Ecossais est pratique et plein du désir de s'instruire. Il se mit à apprendre les arts et surtout la langue de ces prisonniers, leurs littérature, manières, danses, jardinage, cuisine, etc. Des relations de famille s'ensuivirent et quand ma grand'mère, en 1845, vint passer quelques années avec ses filles à Paris, elle y renouvela des relations avec les familles de ceux qui avaient été prisonniers une génération auparavant. Dans ma jeunesse, les vieilles dames de Fife se faisaient envoyer de Paris les dernières productions de la littérature française et s'intéressaient à tout ce qui se passait dans cette ville de lumière, plus encore qu'aux choses de la capitale anglaise.

Le lecteur voit qu'à travers l'histoire britannique et nonobstant la rivalité de l'Angleterre et de la France, l'Ecosse fut toujours un ami sûr pour la France. Même quand les amiraux écossais conduisaient les flottes britanniques à la bataille contre les Français, ils respectaient leurs adversaires comme le font toujours les vrais braves et, la bataille finie, comme de vrais gentilshommes, ils tendaient la main au prisonnier comme au blessé.

De l'Angleterre, cependant, l'Ecossais a pris le plus beau du caractère anglais. A son intelligence celtique, à son esprit d'aventure montagnard, à son désir de savoir scandinave, il a ajouté la stabilité et l'indépendance de l'Anglais. Dans des sports communs, les deux peuples ont appris à connaître leurs côtés chevaleresques et à apprécier leurs caractères différents. Ils ne font plus, pour leur avantage commun, qu'un seul peuple, sans pour cela perdre rien de ce qui les distingue et les caractérise.

Il était naturel que l'effort pour mettre définitivement fin à l'antagonisme anglo-français partît de l'Ecosse. La Société Franco-Ecossaise fut créée avec cet objet et, en grande partie, c'est des vieilles relations entre l'Ecosse et la France qu'est sorti le paradoxe historique d'aujourd'hui, l'alliance entre les peuples anglais et français. La réalisation de ce but politique, comme lord Lansdowne, le ministre des Affaires étrangères en 1904, l'a dit, était devenu un vœu populaire. Elle s'est imposée aux gouvernements. Je puis ajouter qu'elle s'est imposée même contre une certaine opposition officielle et officieuse qui conservait la vieille tradition de Nelson proclamant que, pour être bon Anglais, il faut non seulement être loyal au roi, mais haïr les Français.

IV

Paix franco-anglaise

Il y a dans tous les pays, parmi toutes les populations, des personnes qui ne comprennent l'amitié que comme une union de forces pour combattre un ennemi commun. C'est une survivance de périodes antérieures, quand la sécurité même des familles n'était assurée que par leur union pour la lutte extérieure. La famille s'étend. Alors, la sécurité de la communauté s'assure par l'union contre d'autres communautés. La communauté s'étend et il se forme des races et des nations, composées de communautés, unies contre d'autres races et d'autres nations. Les nations se consolident et on a des Etats. Enfin, ces grandes familles qu'on appelle des Etats subissent le même sort qu'au commencement de cette chaîne d'évolution et cherchent encore à s'assurer contre d'autres Etats. On crée, par conséquent, des alliances entre Etats et ainsi, revenant au point de départ, nous voyons la répétition sur une vaste échelle de méfiances et d'illusions dues à des imperfections mentales communes. L'augmentation du nombre de ceux qui en sont les victimes ne nous garantit pas, loin de là, contre leurs effets néfastes.

Téméraire serait, en effet, celui qui s'arrogerait une supériorité mentale sur ses voisins, qui frapperait sa poitrine et avec orgueil se déclarerait exempt des faiblesses dérivées d'ancêtres communs. Néanmoins, comme la vie privée connaît des amitiés pures, des amitiés basées uniquement sur la sympathie réciproque, sur des idéals détachés de tout intérêt matériel, sur l'échange bienfaisant des pensées, sur l'admiration mutuelle, sur la coopération pour l'amélioration des autres, sur la foi dans la victoire finale du bien sur le mal, n'est-il pas possible de concevoir des amitiés pareilles entre familles, entre communautés, entre nations et Etats?

Nous en avons vu un exemple auquel je ne cesse pas de revenir, dans l'amitié séculaire entre Ecossais et Français. Fondée, comme l'était cette amitié, sur l'alliance pour la défense commune contre un ennemi commun, nous l'avons vu survivre à sa cause et, après trois siècles, depuis la disparition de cette cause, rester encore enchâssée dans le cœur des deux peuples. J'en tire la conclusion. Le moment a dû exister quand dire que l'Angleterre et l'Ecosse seraient un jour réunies, ne formeraient plus qu'un seul Etat, aurait exposé l'auteur d'une telle hérésie à la vindicte publique. Et pourtant, voyez la situation actuelle, les Français aidant les Anglais à maintenir la maîtrise de la mer et Anglais et Ecossais aux côtés de la France résistant sur terre aux efforts d'une Puissance qui essaie d'imposer une suprématie à cause de laquelle nous, Français et Anglais, nous nous sommes combattus presque sans arrêt pendant trois siècles.

Comme les Allemands d'aujourd'hui, les Français autrefois ne voulaient pas comprendre que l'existence des habitants des îles Britanniques dépendait de leur pouvoir de se défendre contre le blocus de leurs côtes.

L'Angleterre n'a jamais joui des avantages des pays continentaux. Exposée à tous les vents, victime de brouillards constants, ayant de vastes étendues de sol où ne fleurit que la pittoresque broussaille, le Royaume-Uni n'a été favorisé par la nature que pour le transport des marchandises de ses voisins.

Certes, il y a deux siècles, on a commencé à exploiter des gisements minéraux qui ont transformé l'Angleterre de pays de marins en pays industriel. Cela n'a pas diminué la nécessité de maintenir la liberté de toutes ses sorties maritimes. Au contraire, cela en a augmenté la nécessité, puisque la population grandissait et que le paysan devenait ouvrier. Nourrir un peuple industriel est toujours un problème qui s'élargit avec le développement des industries et le blocus possible, tant redouté à travers l'histoire par l'Angleterre, devenait de plus en plus une question de vie ou de mort.

La France d'alors comme l'Allemagne d'aujourd'hui, je l'ai dit, lui contestait cette hégémonie de l'Océan. La lutte a été longue et dure et à la fin elle a été abandonnée parce que des hommes d'Etat plus clairvoyants ont compris que cette question avait été résolue par la géographie et que contre les grands faits de la Nature les plus grands héros combattent en vain.

Il n'en est pas moins vrai que de la lutte anglo-française est sortie la liberté des mers et que c'est grâce aux revendications de la France à côté des Pays-Bas que l'Angleterre ne fait plus un usage agressif de sa suprématie maritime. On ne sent même plus, en temps de paix, la domination dont les Allemands se plaignent, tant elle se borne à la police de l'océan, tant elle a cessé d'être une arme de conquête.

La France l'a compris. La France a compris aussi la différence entre les problèmes coloniaux de la France et ceux de l'Angleterre et par les conventions d'avril 1904 les deux Etats ont fait un véritable traité de paix basé sur le bon sens et un désir consciencieux commun de mettre fin à des rivalités stériles.

Ces deux vieilles nations, en effet, ont fait en pleine paix, une chose, bien difficile à réaliser à la conclusion d'une guerre, quand les têtes sont encore échauffées et que, sous prétexte d'enlever à l'ennemi la faculté de nuire, on peut inconsciemment fournir la matière pour de nouvelles guerres.

C'est parce que la France et l'Angleterre ont terminé leurs différends séculaires volontairement, dans la plénitude de leur libre arbitre respectif, sans violence ni menaces, que cette paix voulue par ces deux grandes nations peut durer.

Certes, les négociateurs n'ont pas eu l'optimisme de penser qu'il n'y aurait plus de différends entre l'Angleterre et la France. Ayant réglé ceux où le sentiment national pouvait être un obstacle difficile à surmonter, il ne restait que des différends d'un ordre matériel ou judiciaire. Ceux-là pouvaient être soumis à l'arbitrage sans sacrifier ni la dignité, ni les susceptibilités nationales. On a signé, par conséquent, en même temps un traité d'arbitrage, le premier de son genre.

Ce traité constitue et restera un des trois plus grands événements dans l'histoire de l'arbitrage international. Pour en comprendre la portée, il faut se rappeler les autres. Le premier fut l'affaire de l'Alabama à l'occasion de laquelle deux grandes Puissances, les Etats-Unis et l'Angleterre, soumirent une querelle qu'avait chauffée à blanc l'esprit guerrier de l'une et de l'autre, au jugement d'une Cour composée surtout d'étrangers, appliquant ainsi à l'arbitrage les méthodes de la justice civile. Le second fut la création d'une Cour permanente d'arbitrage à La Haye. Le troisième fut le traité anglo-français convenant de soumettre à l'arbitrage de cette Cour tous les différends ayant un caractère judiciaire qui pourraient survenir entre eux à l'avenir. Ces trois événements se tiennent en ligne directe de descendance, de l'un à l'autre, comme trois poteaux indicateurs sur le chemin du progrès vers l'adoption finale des principes de la justice et du droit entre les nations.

On peut dire sans crainte de contradiction que le présent justifie amplement le passé.

Et l'avenir ? Si nous pouvions en pénétrer les ténèbres ! Et combien il doit être plus intéressant que le cauchemar épouvantable qui, actuellement, retarde l'évolution du monde civilisé, que cette guerre qui a versé sur le monde tout ce qui est mauvais au fond de l'âme humaine nonobstant les faits glorieux, le sacrifice commun et la beauté de l'effort immense de la défense anglo-française contre une agression qui aura mérité le désastre que l'avenir manque rarement de réserver aux crimes des peuples comme aux crimes des hommes.

Néanmoins, tout doit forcément rentrer un jour dans l'ordre.

Les prédictions ont rarement la chance d'être exactes, et d'ailleurs pourquoi s'attarder à des conjectures quand il y a des certitudes sur lesquelles nous pouvons baser nos préparatifs pour une paix anglo-française qui restera acquise, quelles que soient les haines internationales que la guerre aura suscitées et qui, hélas, peuvent subsister pendant longtemps comme des mèches prêtes à servir à des incendies nouveaux.

Laissons, donc, de côté la politique et figurons-nous nos deux vieilles nations qui, après des siècles de combats, sont devenues trop expérimentées pour ne pas voir que le bonheur des peuples est dans leur sagesse.

Or, se laisser entraîner par des voix sonores, par des promesses de gens intéressés, par des excitations à la vengeance ou à la convoitise, n'est pas une manifestation de sagesse.

La sagesse consiste dans une saine appréciation des faits de l'existence, dans la faculté de la réflexion, dans le sens de la perspective, dans celui des proportions relatives des circonstances, dans une certaine réticence de l'esprit, dans une certaine méfiance des apparences, dans l'habitude avant de prendre les grandes décisions de vouloir en savoir tout ce que l'on peut pour éviter des erreurs.

La tempête furieuse qu'est la guerre actuelle ne devra pas avoir soufflé en vain. Quand elle aura passé, il ne faudra pas que la postérité puisse accuser la vieille Europe d'avoir laissé massacrer la jeunesse d'une génération sans l'avoir permis pour une cause digne de ce terrible sacrifice.

Il ne faut pas s'aveugler de passion politique, d'ailleurs, jusqu'à oublier qu'il y a quelque chose de plus élevé dans l'âme humaine que les passions politiques. Il y a lieu de se rappeler même en temps de guerre le côté moral de l'âme humaine, l'honneur, l'esprit de justice, le culte de l'idéal, le désir de s'élever, le désir d'étendre et d'acquérir les sympathies humanitaires.

Il y a un patriotisme qui trouve des satisfactions dans la lutte pour l'amélioration de ses concitoyens, qui voit dans la prospérité nationale un intérêt moral, dans la santé publique, morale ainsi que physique, une source de bonheur général.

V

Notre bon Droit

Il y a quelque chose qui est plus précieux même que la prospérité nationale, que la santé publique, que l'instruction publique, plus précieux même que la vie, — c'est notre bon droit, le droit à la liberté personnelle, à l'indépendance nationale. C'est pour cette liberté, pour cette indépendance que nous combattons en ce moment. C'est pour la liberté de la personne et de la pensée que les Anglais et les Français ont fait leurs révolutions.

Or, au contraire, c'est pour faire triompher l'esclavage de l'esprit au nom de ce que certains professeurs allemands appellent *Kultur* que combattent nos adversaires. Non, cent fois non, le génie d'un peuple ne peut être créé dans le sillon d'une pépinière ni au long d'un treillage. Conserver sa liberté et son indépendance, c'est conserver son génie et pour le mériter il faut être prêt à tout moment à sacrifier à ce plus grand des biens de chacun tout ce qu'on a, même sa vie.

C'est pour défendre ce bien qu'il faut toujours garder sa poudre sèche et ne jamais laisser ses canons se rouiller. A l'école même il faut se préparer pour défendre, au besoin, jusqu'à la mort, ce précieux patrimoine national.

Dans cet esprit de défense l'Angleterre a produit en une seule année quatre millions de soldats. Des personnes qui connaissent peu les Anglais ont pensé qu'il fallait les tromper par un optimisme de dupes pour les attirer dans la lutte. Cela est si loin d'être vrai que c'est la défaite et non pas la victoire qui a amené aux rangs ces quatre millions de volontaires.

L'Angleterre, c'est vrai, a déclaré la guerre à l'Allemagne pour défendre la Belgique et aider la France, pour repousser un ennemi qui menaçait de dominer ses plus proches voisins. Aujourd'hui, elle lutte pour un principe. Elle voit maintenant la liberté et l'indépendance menacées non seulement de la Belgique et de la France, mais celles de tous les pays du monde. Elle lutte pour le principe dont Anglais et Français ont depuis un siècle été les champions dans ce monde. Elle lutte maintenant pour la liberté et l'indépendance générale.

C'est pour cette sainte cause que cette lutte continuera jusqu'au moment où ce principe sera reconnu par un ennemi qui voulait en l'écrasant à l'étranger l'étouffer jusque dans l'Allemagne elle-même.

N'oublions donc pas que cette guerre est un sacrement. L'oublier serait ne pas reconnaitre sa réelle et glorieuse grandeur, serait même la méconnaitre.

Quand l'agresseur ne réussit pas, s'il n'est pas battu il est loin d'être vainqueur. Des Allemands plus sages que leur gouvernement le savent bien et en ce moment il ne manque pas chez l'ennemi de signes propices à la paix. Ils l'auront, quand nous serons sûrs que l'Europe ne sera plus exposée au renouvellement de pareilles agressions gratuites.

Derrière l'agression actuelle se trouve une épouvantable idée, l'idée que la force non seulement prime le droit, mais qu'elle constitue elle-même le droit. C'est quand nous serons sûrs et seulement quand nous serons sûrs que le monde est sauvé de cette épouvantable idée que nous pourrons remettre l'épée au fourreau. Quoi que cette guerre nous aura coûté, quelles qu'en seront les pertes, elle nous aura coûté moins qu'une paix qui laisserait l'Europe exposée aux malheurs dont elle était, dont elle reste encore menacée.

Nous ne voulons pas que la postérité puisse dire que notre génération était tombée dans une décrépitude trop basse, dans un matérialisme trop vil pour se sacrifier à un idéal. Au contraire, la postérité verra que la vieille Europe s'est réveillée aussi jeune que jamais quand il s'agissait des principes immortels qui sont la conquête de sa vieille civilisation, pour lesquels nous avons toujours et aurons toujours encore le courage et l'énergie de verser notre sang. Tout le reste est secondaire.

C'est ce sentiment partagé de notre bon droit qui unit Anglais et Français dans un gigantesque effort, qu'ils renouvelleront au besoin dans l'avenir contre quiconque le menacera.

C'est là surtout que se trouve la signification de l'Entente entre nos deux vieux, mais toujours fiers et puissants peuples de France et d'Angleterre, alliés désormais dans la paix pour la conservation de la paix, comme à présent dans la guerre pour assurer à tous les pays le libre exercice dans cette paix de leur droit de vivre et de se développer selon leur propre caractère, leur propre génie et leurs propres idéals politiques et sociaux.

TABLE DES MATIÈRES

I. Introduction 5
II. Obstacles a surmonter 9
III. Role de l'Ecosse. 15
IV. Paix franco-anglaise. 25
V. Notre bon droit. 34

336. — Imprimerie Artistique « Lux », 131, boulevard Saint-Michel, Paris

BLOUD & GAY, éditeurs, 7, place Saint-Sulpice, PARIS (6ᵉ)

Baron A. DE MARICOURT.
— **Le Drame de Senlis,** 1 vol. in-16 br., illustré 3 50

Vicomte HUBERT DE LARMANDIE.
— **Blessé, Captif, Délivré.** *Mémoires de guerre.* Préface du général Malleterre, 1 vol. in-16 br., illustré. 3 50

Louis COLIN.
— **Reliques sacrées.** *Lettres ouvertes sur des tombes.* 1 vol. in-8 br., illustré. . . . . 3 »

Henri COLAS.
— **Les Chants du Coq Gaulois.** 1 vol. in-8, broché. . . . . 4 »

CHARLES SILVESTRE.
— **Charles Péguy.** Lettre-préface de Mᵐᵉ Charles Péguy, 1 vol. in-16, br. 1 50

Louis GARRIGUET.
— **Nos Morts. Séparation passagère. Revoir éternel.** 1 vol. in-16 br. 3 50

Mgr A. PONS.
— **Il n'y a pas de Morts.** Hommage à ceux qui ont donné leur vie pour la Patrie. 1 vol. in-16 broché. 3 50

FRANÇOIS VEUILLOT.
— *La Dévotion française et la guerre.* **Montmartre.** 1 vol. in-12. . . . . 0 80

Un Aumônier militaire.
Manuel du Soldat catholique. 1 vol. in 12 broché. 0 80

A.-D. SERTILLANGES, *professeur à l'Institut Catholique de Paris.*
— **Le Sermon sur la Montagne,** 1 vol. in-12 broché. 2 50

Imp. Art "Lux" 131, boul. St-Michel, Paris.

www.ingramcontent.com/pod-product-compliance
Lightning Source LLC
Chambersburg PA
CBHW060952050426
42453CB00009B/1158